edition taberna kritika

Hartmut Abendschein
Flarf Disco. Popgedichte
Mit einem Intro von Benedikt Sartorius

http://www.etkbooks.com/

Gestaltung: etkbooks, Bern
Coverzeichnung: Hartmut Abendschein

Bibliografische Information der Deutschen Nationalbibliothek: Die Deutsche Nationalbibliothek verzeichnet diese Publikation in der Deutschen Nationalbibliografie; detaillierte bibliografische Daten sind im Internet über http://dnb.d-nb.de abrufbar.

ISBN: 978-3-905846-34-8

Hartmut Abendschein

Flarf Disco

Popgedichte

Mit einem Intro von
Benedikt Sartorius

edition taberna kritika

24 hour party people

Popgedichte anstelle meines Kopfes

Ein Intro von Benedikt Sartorius

Kürzlich, bei einer Zügelei, fand ich sie wieder, die etikettenlose Kassette, die ich im Jahr 2005 mit einigen Liedern füllte. 60 Minuten Tonband standen mir damals für dieses Vorhaben zur Verfügung; die 120 Gigabytes des iPod waren in den Zeiten des Internets aus der Standleitung noch in weiter Ferne, zum Glück. So steckte ich nach dem Fund die Kassette in den Fisher-Price-Kassettenrekorder meiner kleinen Tochter, drückte auf den grünen Play-Knopf und los gings mit dem Soundtrack aus der Vergangenheit, der immer noch eine gewisse Gültigkeit hat. Denn als die wiedergefundene Mischkassette entstand (eine von sehr vielen, die keinen Absender kannte) waren die jugendlichen Irrungen und Wirrungen mehrheitlich vorbei, und die Trennung von der ersten Liebschaft hatte eine glückliche Ausweitung meiner damaligen Musiksammlung (call CD-, not Plattensammlung) hin zum Guten zur Folge. Die Kassette erinnert auch an die Songs, die ich für diese Saison – frei nach Jonathan Lethem – anstelle meines Kopfes getragen habe. Der Anschaulichkeit liste ich sie hier kurz auf:

Seite A

Miss Ohio's Nameless
I've Hardly Been
Seattle
A Fond Farewell
Go
Halloween on the Barbary Coast
Highway Songs

Winter A-Go-Go
Act Nice and Gentle
Good Old Owl

Seite B

Wild Packs of Family Dogs
Don't Dance Her Down
We Gotta Have Peace
Waiting For A Superman
Opium Tea
Monkey in a Zoo
Candle Mambo
If
Pantone Cyan

Wenn man diese Titel so liest, dann könnten einige Geschichten erzählt werden. Da ist natürlich die Tonspur, die sich schon ein wenig besserwisserisch gibt (Captain Beefheart! Daniel Johnston!), aber im Grossen und Ganzen schlicht indiefizierte Popsongs (bevor «Indie» zum grossindustriellen Schlagwort wurde) aneinander reiht. Ich könnte auch erzählen, welche Bedeutung die ausgewählten Songs für mich hatten – das wäre aber reichlich uninteressant. Und es gibt, nun, da ich die Trackliste niedergeschrieben habe, auch die Möglichkeit, eine Geschichte zu schmieden anhand der Liedtitel. Die ginge in etwa so, dass der Höhlenklaus, der seinen Opium-Tee schlürft, gemeinsam mit der guten alten Eule auf den Weltfrieden und den Supermann wartet, ehe er den netten und freundlichen Kerzenmambo tanzt. Aber ich stoppe hier mit diesem Versuch einer Erzählung, der nur stümperhaft illustrieren soll, wie man mehr oder weniger zufällig aneinandergereihte Songtitel in einen lustigen Flarf-Poetry-Wortsteinbruch verwandeln kann.

Flarf-Poetry: Das bedeutet «Googles Werk und Autors Beitrag», wie einst die «FAZ» über die Suchmaschinenlyrik, die vorab in den USA ihre Anhängerschaft hat, titelte. Zwei mehr oder weniger disparate Begriffe werden bei dieser Text-Methode ergoogelt, und die Ergebnisse miteinander kombiniert und permutiert und adaptiert und mutiert, bis, ja, bis ein Gedichtet erdichtet ist.

Für den vorliegenden Band «Flarf Disco» arbeitet Hartmut Abendschein nun mit der Technik, nur dass der Autor nicht die mystischen Algorithmen der Suchmaschinen dieser Welt als Quelle für seinen Textkorpus aufgesucht hat – und auch nicht die gesammelten Liederlisten seiner Mischkassetten (ob er solche hergestellt hat, entzieht sich sowieso meinem Wissen). Vielmehr hat Abendschein in einer feinsäuberlichen und höchst gewissenhaften Archivierungsarbeit die Song- und Tracktitel von 120 CDs abgeschrieben und ins Deutsche übertragen. Es sind die CDs mit den Nummern 1 bis 120 aus der Spex, dem deutschen Popkulturmagazin, das einst in Köln, nun in Berlin zu Hause ist und mal monatlich, mal im Sechs-Wochen-Takt, mal zweimonatlich erscheint. Es gab Zeiten, da prägten die Spex-Autoren den deutschsprachigen Popdiskurs und es gibt Zeiten wie heute, in denen es doch weniger gewichtig zu und her geht und die Abgrenzung zu anderen, einst streng verachteten Fachpressemagazinen nicht immer leicht ablesbar ist. Immer aber ist der weite Pop-Kosmos in der Spex von low bis high umrissen, vom Zentrum bis an die Peripherie. Flarf-Poetry nach

Hartmut Abendschein bedeutet: Die Spex-Beilagen-CDs und des Autors Beitrag.
Seit dem Jahr 2000 versammelt die Kompiliererschaft pro Heft einschlägige musikalische Neuerscheinungen. Die erste Heft-CD überhaupt enthielt beispielsweise dieses Wortmaterial:

Sonnendeck
Happy Hip Hop
Expo 2000 (Mambo)
Blauer Schein
Nude Paper
Foolin
Tomorrow Will Be Like Today
It Could Be Nice
Konfliktfickfähig
Flipper

Hier draus lässt sich scheinbar schwerlich ein Gedicht schmieden – aber immerhin einen schillernden Satz wie «flipper fickt konflikt sonne deckt papier», der selbstverständlich auch der Logik des Flarfens entspricht und deshalb auch in diesem Band zu lesen ist. In einem mir nicht im Detail bekannten, mehrstufigen Verfahren übertrug und zerschnitt, kombinierte und permutierte Abendschein jeweils die Titel zweier Heft-CDs miteinander.
Entstanden sind Gedichte, die auch ohne Nerdenwissen schön funktionieren, zu denen man aber ganz wunderbar abnerden kann. «hast du gelernt von rocky eins bis drei»? Klar: Cornershops unsterblicher Song «Lessons Learned from Rocky I to Rocky III». «diese jungs vom kaufzoo»? Natürlich die Pet Shop Boys. Die Zeile «entspann dich es ist

nur ein geist»? Stammt aus Dirk von Lowtzows Projekt Phantom Ghost. So hangelt sich der Leser und die Leserin durch diese 60 Gedichte, die mit Punchlines und Zeilen der Trauer und der Ekstase und der Einkehr und des Nonsense und des kontrollierten Begehrens hantieren, man trifft auf einen Herrn Magnesium, auf Yoshimi, die die pinkfarbenen Roboter bekämpft und auf den Bruder des Bürgermeisters unten am Brückenwasser (googeln Sie den Titel!). Zuweilen verführt Abendschein auch an den Ort, wo Löwenwein ist. «Donde Lion Wine»? Ja, genau. Und aber auch die Klarstellung: «ein punksong ist nicht wer wir sind», sondern Popgedichte, die ich noch für eine Weile anstelle meines Kopfes tragen werde.

Eben klingelts an der Tür, es ist der Postmann mit einem kleinen Päckchen. Ich öffne es, und drin ist eine Mischkassette, zusammengebastelt in der Gegenwart des Spätherbstes 2014. «feeling romantic feeling tropical feeling ill» ist der Titel des Präsents, es könnte wenn nicht der Untertitel, so doch einer dieser zwirbelnden Verse aus der «Flarf Disco» sein.

1

in der freudlosen gasse

EIN ENGLISCHER KOPF

der rock aus plymouth
alles ist ausverkauft
am pol der macht
gefährlich ist das schema
einer berauschten liebe
was kann daran nur lustig sein
am grauen das grauen

bist du eine frau
und keine rückschrittsmetapher
und nicht wie die welt
wo substantive und adverbien
unter zedern laufen
ach deine feuchtigkeit
ist ein dreckiger dreh

bist du ein armer kleiner deutscher
hunderter ideen
brich das tempo sauber
ohne zu blackouten
an diesem wochenende ohne make up
bewegt sich weisses licht frei

bist du der bürgermeister deines bruders
warte weisses licht am brückenwasser
klärt dein wartenkönnen
auf ein lied mit suggestiven
fragen

GEWINNT DIE KUNST

bleiben die geier dran
aber ein echter killer
mag mich vielleicht mehr

house musik ist ok
ist kontrolliertes begehren
das auch dir gehören kann

doch am morgen spreche ich
zu den bäumen
zum bock
den dornen
und backsteinen
so lange bis ich wieder klein bin
geht es nur den einen weg
als schatten
über den atlantischen ozean

bis der brutale himmel
über dem magischen sedan
frei wird und friedlich
bei einbruch der nacht

22 spiegel meine ich
weine die welt
offen
aufgespalten
in gilmore und fillmore

meine ich fa
weine ich
do re mi so la ti do

HOFF NICHT UNTER DEN ZETARDEN

höher als ein liebesregen
war der junge an silvester
könig der erinnerungen
les ich gern in seinem denken
lauf ich gerne für ihn heim

erst am vierzehnten april
am andern tag im seitengang

so ohne reim und hookline
war der himmel blau

die sechsundsechzig trips
des pms gefahrenengels

werden sehen
werden aussichtsturm sein
der satten tränen tsunamis

wir aber kehren zurück
in den süden

BEVOR ES ZERBRICHT

ist ein kaltherziger wind
mach eine regel
für den blitz im tunnel

entspann dich
es ist nur ein gespenst
und keine katze
die dir die sonne bringt

im saldo
schulde ich dir nur
den pacman mit der einkaufsliste

entspann dich
auf zerschlagenen schollen
um die wette mit der waldfee
holla
da sind hände und pfeile
die sind etwas hyper
so was schulde ich dir

sprich mit dem zitterer darüber
marmelade ist immer ein sieg über die sonne
die sitzung
die sonne
der begleitautomat
und drinnen der fluss

ich seh
du hängst mit mir und doon herum
aug in aug mit der pflanze
hast du dich ins quecksilber verknallt
aug in aug mit episode zwei

EIN GOSPEL OHNE HERR

verbringt ein bisschen zeit
mit zweifeln hoffnung hexen
dann bringt er sich in form

dämonen lügen an
guten tagen neuer gewalt
am wochenende kriege
ich ein braunes klavier

dann spiel ich mit der seilschaft der verflixten
etwas das kein beat sein kann
dann mit äthiopischen burschen
ein band aus rosen
bis zum helllichten morgen

ob frühstücksgospel fünferhymne
oder ein schwarzer mercedes
die subkultur frau holles spielt
das intro für den friedhof

an geheimen plätzen unserer zeit
zeit entwendeter unschuld
heben die mondleute ihre tränen
für den kapitalismus auf
die anderen für new york city

DIES IST EIN SONG FÜR DAVY DEN YUPPI

im fieber weisser linien
heisst leben sterben lernen
zweimal
und zu fuss

dies ist ein song für kerstin loose
ein kind am morgen
im märz ist sie schwester
im september bruder

dies ist ein song für jessica
mit ihrer unruhe ist sie zufrieden
von charlotte roche liest
sie ein buch

auch mit neuem namen
als flamingo
der wünschte du wärst weg
du mit der knöchelverletzung

lies mehr lovecraft
lies aus den schalen
der guten tänzer

warum
warum
habt ihr keine liebe
in eurem herzen

HÄNDE RUNTER

reiten geht schon
auf der flucht
wer schnupft verliert

schiess schiess schuss schuss
so ist doch die kunst
den löffel zucker mit pp
erregt dich zum gebet

nett glücklich nackt
flipper fickt konflikt
sonne deckt papier
hüpfen hüften heut
blau morgen dumm

amen

IN ANGST

wirst du mich verlassen
und steckst einen pfennig
in den schlitz

dem huhn
bleibt nur ein nacktes lächeln
schrei es raus
und sing nen song dazu

wenn er dich dann
mit einer schnellen nachricht
in pittsburgh erniedrigt
komme ich wieder
mit den quasselnden fünf

sag spieglein spieglein
ich will dich zurück
in meinen domino köcher

das patriarchat ist zwar vorbei
doch du bleibst
meine ewige henriette bleibst
das geld mit dem bekannten pfeil

jeder tag mit der coolen katze ist zuviel
weck sie auf
die amnesie die nur ein satz ist
der lügt

noch ist alles so neu und aufregend
weck sie auf
es gibt illusionen zum frühstück

KÄMPFT YOSHIMI GEGEN

rosa roboter
fällt der himmel entzwei
entflammen rennautoräder
spielzeugtechnik
hochentwickelten äpfeln
ist ärger ein fremder herr

in seinem herzen
probt ein problem
das familienwiedersehn

kämpft der büffel sieben
wie gewöhnlich im vierten stock
kämpft die froschigkeit eines kusses
im juni auf französisch

kämpft allzeit nichts falsches
für catherine
kämpft nichts gegen das übel
einer playstation zwei

ES IST DIE WANDERLUST

des unbeschriebenen projekts
der unterhaltenen

es wird rückwärts geboren
in elisabeths bucht

ein tier der hohen fünf
will kraftstoff
für die brennenden brücken

für das kaninchen auf dem dach
nie wieder zu scheitern
denn heut nacht ist es mit mir

all die wut bleibt zurück daheim
steckt in der miete die ich zahle

ich lasse ab von tausend kippen
und attackiere innenstadt illusionen

jeden morgen funktioniere ich
indem ich reichlich esse
wer hat schon lust so zu leben

komm nackte angst und zieh dich an
wir gehen aus
in den schmutz

2

regeln brechen

WENN ICH NOCH EINE FRAU WÄRE

hätte ich bernsteinhände
doch mein ruhm
ist im dschungel verblasst

ich will dich ausführen
in eine französische landschaft
gott wird mein copilot sein
auch im schwarzen wasser

sind wir ein junge und ein mädchen
machen all die richtigen dinge
weichen aus und ernten
von allem das sich lohnt

wie tief wird deine liebe sein
wenn du die gruppe vertrittst
jetzt singst du ein lied mit blau
und kennst den richtigen deal

wie billig ist der schlafzimmerblick
des polnischen mädchens
wie billig die lawine
ihrer aufmerksamkeit

es rufen alle arbeiter
nach den schlafhändlern
dran zu bleiben
frequenzen zu modulieren in berlin

aber nur ich würde dir helfen
bis zu den knochen
eine leiche zu verscharren

wenns nicht meine ist
oder der tod von mir und dir
durch einen boogie
dort
wo die sonne nicht scheint

HALLO MODERNE

dreh dich nicht um
wo die hasen schlafen
die polizei hat deine lebenszeit gestohlen
die polizei hat aber auch auf das b gezeigt

bist du nur der freundliche hund in
einer unfreundlichen welt
hubschrauber busse haltestellen
promiske säuglinge die müssen
arbeiten für ihr geld

hallo bonus
dein gott verblasst so hoch so tief
die basslinien für dein verdammtes grab

drum schwing deinen bob und das geklöppel
geht weiter auf der b eins

hallo pfeile der freude
ach
ich liebe das tal so hoch so tief
wenn wir reden über die gespenster der welt
verblassen die herrn aller alls
sie entwenden deinen
erstaunlichen glanz

FÜR DEN CHEF DES LETZTEN ENDES

einem totalen spinner
bauen wir diese neue stadt

fahr weg
geiler max
dann kann dir niemand
etwas antun

lichte süsse suiten
was kann man nicht weniger lieben
als den neuen heiligen boden
fünf kleiner zimmer
für tote amerkanische schriftsteller
und einen nachtempfänger in tägerwilen

und noch weiter bauen wir
für ein kind aus philadelphia
auf zeit moderne seelenhebel
fast sechzig kilometer schnell

um endlich zu flimmern wie es fische tun
ohne pinkeln ohne spass remixen
wir den roten wurm

mit ibm und tonfilm
mit doris gelbe schmetterlinge day
schiessen ich und ich remixen
tropfen wir
wir tropfen in der zeit

ALS KÖNIG DER WUNDERLUST

tut man mir unrecht
zu gross
zu schräg bin ich
um zu scheitern

ich bin hölzfäller
meiner eigenen art
warum also freust du dich nicht
ich bin geist und grundlage
guter gipfel

und sei
der stier so hart auf der weide
so melodiös der tag
und deine reime schweine
bedien ich mich selbst denn

niemand soll passieren
niemand kann sein
auch nicht die schlampe mit dem hallo
die immer noch still sitzt
auf den knochen zufrieden

meine rechte gehirnhälfte
ist brennendes feuer
geh deinen weg
wahre liebe
jetzt ist es zeit
für den crazy clown

all den sonnen zu scheinen
einen single boogie
doch der person die interessiert
ein schlaflied

sieh mich
fühl mich lingala
ich sollte nicht mal hier sein
sondern schosshund im kasino
ein verbrechen zu versüssen

EINE VEREINIGUNG OHNE

dich
blockiert meine brise

zirruswölkchen
kernschmelzen
waren für den mai geplant
die liebe gebeugt
die liebe strengstens
reserviert für dich

ich weiss nicht
wie ich mich bewegen soll

ich roste
und meine krempe ist
voller feuer

etwas ist etwas
bei diesem mädchen mit der kapuze
ihr zungenreden oft
gefragter fragen
ein mikronomisches
stück von mir

andere männer gehen nicht
in kühlen stiefeln
sondern zahlen der jaja zeit
die miete

aber ein junge wie ich
schmilzt wie gegrilltes eis
in der dampfspur
von susanne

IM HIMMEL BIN ICH

opfer des götterzorns
eines rests statischen lichts
eines überfalls
gespenstischer wellen

ich will aber nicht den andern
weg gehen
noch warten
auf das ritual des erinnerns
auf wiedersehen zu sagen

im sommer bleib ich
zuhause
in meinem regal
bin ich mir selbst

das höchste vergnügen erreicht
mein rad aus eis
zischt chiki chiki
auch in tropischen ländern aus eis

ich wäre bereit
die grösste wahrheit zu bumsen
amerikanische senatoren zu stapfen
zu klatschen als einheit von schweinen

aber aber aber
aber ich bleibe zuhaus

MAMAS STRASSEN MÜSSEN ROLLEN

check das lachsland und dir gehts gut
check bill und rudd und
hol die medizin

schlaf und schlummer
zwei sekunden held
im muster der bereiche
held im plus und
minus der quadrate
bist du nie

mysterien spielen dir am nachmittag
dem faun das heavy banging
dieser jungs vom kaufzoo
teil zwei der taucher
kinderzimmer heldenlieder

fremde schöne süsse
klänge zaubert microsoft
zuviel davon
im muster der bereiche
held sein wirst du nie

ZUR JAHRESZEIT DER SONNE

ist robert altmann
das palimpsest
eines wunderschönen kinds

mit stattlichem ponyschwanz
lässt er seine regenbogen
krieger tanzen

freibauern
hühner
zwei von uns
in montreal bei
minus vierzig grad

mit ihm waren wir beinahe fertig
doch an der kreuzungslinie
sind wir umzingelt

das schattenhafte von
neunzehnhunderteins
löst er im gallopp

nur die schuhe im
elektronischen deutschland
bleiben sein zerstörtes gut

in der sache don giovanni
wurde sein mond trotzdem
aus der schauspielschule geworfen

danksagend
denn es war niemandes fehler
ausser meinem

auch das klappern der cheerleader
nayango und masenqo
in der show
war es nicht

NÄHERT SICH DER BAHNHOF

dem lokomotivführer
vergiss die telefunken
die können die coolen kinder
behalten

dein ziel ist die adresse
der diamanten
und ein bett aus beton
und der gott des verkehrs
verbrennt alle fahnen

still
still sei
die jagd auf den panter
den raum zu mieten
in noahs arche

ist dein zelt in boston
verloren und man
grausam gegen tiere

sei trotzdem liebenswert
im finkenflug
als geheimer blick
als lebender laser

denn erst
wenn die freiheit der wale
so dick ist wie ein herz
beobachten wir die freiheit
der köpfe

DER BEATBOXER ZIEHT MICH
da lebend raus
aus deinem zug
in dem die menschen
mittags mit computern arbeiten

gehe ich zum arzt
bin ich ein grinsender schädel
um schnell zu leben
um alt zu sterben
um wieder völlig ei zu sein

für ein mädchen
scheinen meine augen
die schuhe rennen aber weg
zur nächsten schlange

ich wäre froh
etwas geliebt zu werden
um etwas ruhm der welt
etwas geschichte ohne gummi
oder auch nur einen gangbang

doch ich war nicht wild genug
er hatte ihr zwar keinen trip gegeben
ihr aber angedeutet
dass er sie heiraten will

3

die erde umarmen

DIE LINIE IM DSCHUNGEL

der maschine im geist
der coolen jungs die nicht weinen
ach baby susanne

so lebt es sich die linie runter
freitag nachts im drive in
sitzen sie und kichern
mit guten alten freunden
mit bingo dem ex guru
und büffel dessen zeit
ist ein löwe

sie rocken die linie runter
sie klatschen die taschen
gar wunderbarer hexen
die härter sind
als du denkst

immer noch stehn dort ein paar hunde
mit dem speedometer im repertoire
ihrer neuen treter

im einsatz gegen
die einundachtzig arten der gewalt
der hundekiller
gliedposeure
phantome des gefallenen
schnees

fand ich heraus
wer ich bin
doch wie ich heisse
sieht man nur im fluss
durch deine augen

ich bin ein bürger von morgen
sonntags gehe ich manchmal
baden im eis

IM RAUM BOCHUM DEINER FERIENWOHNUNG

ist kaum zeit für eine lüge

den neunzehner bitte für
deine empfindlichkeit den ratso rizzo
brauche ich für deine liebe

ein funkenkönig friert
in meinem reich

ich bin kein einbrecher
alter freund
ich bin nur der möchtegern der l a
und das ist gut so

doch wär ich gern der könig
der chaoshorden
und tanzte schmutzig
zu meinem theremin

dann würde ich aus dem gefängnis ausbrechen
hinauf auf einen berg
in die verhüllung
zwischen stillstand und phantasie
ich wär gerne das system eines lands
das sich immer verändert

EIN PUNKSONG IST NICHT WER WIR SIND

den blues zu retten gib dich mir
was immer meinem rock and roll geschah

ein punksong spürt hier keinen schmerz
nicht angenehm was du daran vermisst
zu merken würdig immer sind die fakten nackt

der punkt des blickpunkts
sieht die formel über feinde
wieder dient die tellsche hymne nur
den blues zu retten gib dich mir

ein punksong spielt auch auf
mit dolly dorothee der tanzsaalkönigin
und ihren zwölf pipetten
und auch auf gonzos grillparty

wenn unsere blicke töten könnten
cremten vierzig punksongs mit computer
die hälfte dieser stadt

und jetzt die kekse
la la la
la la la la

SCHNELL SCHNELL DOCH RUHIG

sind die fragen nach al kaida
ruhig gehts weiter
durchs land der boxen
wo du heut lebst
für nur sechsundzwanzig riesen

seltsam sagte da die geiss
in weiss gekleidet
sich in unsrer hölle runterzuschlafen
oder den roboter machen
auf prisma eins

die augenlider in den
neunundsechzig gesichtern
der liebe sind dein ruin
sie gehn kaputt
in den wavalas mit ledersohlen
im langen schwarzen land

doch willst du boxen
mit johnny dem schlimmen jungen
willst das göttliche kuscheln
und die superschnelligkeit
dann hab etwas nachsicht

seine gemalten augen sind
nicht totes kino
sondern wissenschaft und vernunft

also mach wie ich sage
schwarzer judas
den schlagzeilen herzen
den gefühlten sinn

dann bist du da
wo datapanik ist
im kulturkaufhaus

mit totheit drin
seilt sich der kampf in japan ab

DIE VERBINDUNG NACH OBEN

entsteht mit dem brautlied
gib ihnen einen abschiedskuss
den stereotypen

dein sommerzeit cowboy
in der limousine dagegen
ist eine andre art zug

ist die effizienz marlenes
gegangen
in die stadt der tausend tränen

lass einfach rein
den wüstling
sein epilog ist dicke
freundschaft mit anfassen

in unserer stadt
rückwärts geschrieben
färbt sie ihre tauben
vergrault die helden
aus norwegen
gibt ihnen schmerz

lasst uns ein buch schreiben
lasst uns nach etwas schauen
einer glitzermine vielleicht
oder kramnik den schachspieler

WO LÖWENWEIN IST

brennt meine seele
zu begutachten den milchmann
mit gemeinen dollars

so hell wird nur der seemann
mit der witwe murray
zum klang meiner gitarre

nie wieder gehe ich zurück in die schule
stoss ich ins kirchenschiff
zählt mein trauriger beat die männer

den tag an dem wir das städtchen verliessen
nannten wir
den unvorhergesehenen

oh mein viskoser gott
mit blech und brumm
dein gesicht im computer
ein haifischzahn
in afrika so grün

reich mir das salz mein freund
der kompass jo
zeigt auf eine limonade
in leipzig
auf das traurige klavier
der feuerfliege paris

MIT STAUB IM GOLDNEN DAMENSACK

mit den blutorangen der anderen welt
rufen sie den willen an
und verstehen nichts

so farbenreich sind die epochen
mit der chance auf regen
dort
bin ich allein
eine luftspiegelung
in der sich alles zerstreut

wasser präsentiert eine entspannte leiche
hinter der türe dann die neuen
zähne für den bruder und mich selbst

die pendlerliebe stimmt der auswahl zu
der feinkostdisco da gibts alles live
und pendlerliebe liebt information

ES WIE ROBOTER MACHEN

das summen einzelner teile
mehr als fetzen heiliger kühe
zurück spielt die strasse milch
die galaktische mode der mädchen
überzeugt nicht völlig

den weltmeister zeig ich
dem sound system
dem power user mit joker

mit zu viel zeit
und einem lächeln im gesicht
in die welt geboren
ist es drinnen wie draussen
supertoll

als glücklicher junge ging ich
nach amerika
und ich wollte bleiben
wenn es sein muss

doch mit simone
kam eine andere stadt
und mit ihrem licht
endete alles auf einer öligen bühne

das würde ich auch
auf deiner beerdigung sagen

AM LANDENDE IST ES FÜNF

und ich fand liebe
fand die grosse maschine mit der nummer zwölf

jagger war damals siebenundsechzig
er war der spass vom bass
und sicher besser
als jede safari

und immer mal wieder kam
ein heavy metal gespenst
den hörtest zu machen
mit lauchgrünem quartz

den gürtel gigantisch
das herz aus plastik
eine seltsame frucht
im lada da niva

heut sind wir keine tränen
die liebe zerriss uns
sie bläst zur routine
macht fünf fässer gurken

leg dich auf den boden
vom spiel grausam gemeuchelt
du musst mit dir leben
wie gwyneth paltrow

ALEXANDRA ODER JANE

falsch oder richtig
ein kleiner fang
alkohol
gibt mir rumpelnd deckung

auch an drei rote
augen habe ich mich gewöhnt
ich verdiene ein nein
in deinem haus
dein drachentattoo
wird uns schlucken

leicht krachig sind die gedanken
auf der strasse deiner knuddelmaus

irgendwo ist irgendwer grimey
doch deine krankheit heisst düsseldorf
mit einer herzzirrhose seltsamer sounds

die eintragung ins nichts für einen euro
den tod des wahwahs
des zwobots
es ist der lange abschied von viva

4

heilige kriege

ZUR NACHT DER TANZENDEN FLAMME

hat ein bild
sein romantisches recht geliebt

all die guten männer münden
in jungen mädchen
bis der beat brennt
und ein paar
mit dem lieblingsfreund

nur die strasse der liebenden
ist dann ein roter empfänger
rutschenden lands

soldaten töten
den grossen aufstand
ihrer schwestern

das zornige schleckzeug
von dreizehn attentätern
bricht herein zur nacht

ach blauer junge
was ich zu wünschen versuche ist
dir ein gutes wochenende

im urlaub in mittelost
schwitze ich anscheinend
gefühle

NADJAS DIKTAT STOPPT

den stadtverkehr fremder
sterne herrenkörper
sauber im schnitt

im saal tanzt ein grosser mann
gegen das dunkel an

bring sie an einen schönen ort
sagt die liebe

ein spiegelsong in fahlem blauem licht
ein zweites lied
nen dub aus silikon
aus pappmaché
hast du gelernt von rocky eins bis drei
sei doch der missing link

die sprache der natur
charmant zu gleiten durch das leben
mit mutter walzer tanzen

gemeinsam in der dunkelheit
ach nadia
mit ihr süsse sehen
sagt die liebe

DRACHENKATZEN

halbschnäbler
zombies
spielen um zu gewinnen
ein klein wenig zeit
fürs populäre

die hausfrauen beim tanz
ach
für ein bisschen stereo
und die party plauzen
um etwas kraft

auf einem schwarzen bankett
ein unschuldig kaltes herz
auf halbmast

bewegt sich im zwischenstadium fünf
bis die bewegung ausbrennt

ich spiele die mischkassette für meinen roboter
die 70er
die unterwasserliebe
den boogie
ach jack

im reich des bypasses
nimmt mans leicht
in höchsten höhen

liebt man das musterspiel der wiederholung
im pfauenskelett mit gekrümmten federn

und das bett von kim wilde
das auch zum schlafen da ist

AN DER SPITZE STEHT

die einführung in eine
bettgeschichte

eine gutenachtgeschichte
die einsamkeit zu optimieren

wir waren einmal vergänglich
als im november am tag der party
die schönheitskönigin in retrograd
dem bananenkönig
etwas seele gab

ein kommunistischer mond
fiel darauf rein
runter und weiter die zeit entlang
dem winter zu entgehn

rosie labouche
war damals deutschlands bleiche mutter

eine klangmeisterin der kollision
eine zweite harmonika der disziplin

DU SOFTER POP SONG

warum rufst du nicht zurück
nur komische menschen kommen
zu mir in den park

die schnellen nutten
sind sehr gut
aber als leuchtturm
fühlt man nichts

tausendfach wurde der hintergrund
beleuchtet
auch der des esels und des pferds
in meiner einmannshow

musst du diese schmerzen
und eintausend lichter teilen
mit nem schwulen messias

über die wählscheibe deiner
allerschönsten dinge
streicht johannes eine entfernte figur
ins sündige leben

im club der langsamkeit
zwischen uns und ihnen
bin ich nackt
ach
und gar nicht so wow

aber mathematisch bin ich
die männer dieses bahnhofs
und halte die bäume zusammen

EINS BEZAHLT

und doch nicht spielt
das zuckerglück des gagalebens

der rausch aus heiterm himmel
holter di polter
was ist bloss los mit den sternen

das teenage fanclubmädchen
war eine polnische tochter
mein ganzes leben lang

ach mila
junge braut
deine eltern
sind fünfundvierzig

am tag des kondoms
killte dein lamm
eine dame
noch tödlicher aber
war der mond
er verkaufte depressionen

und ein ausländer
hält an und rennt
ohne blick zurück
auf den lokalen ausfall
dieses schrecklichen kinds

DEN REST DES TAGES

träumt die stadt
die schwerkraft der burger

und der hund dylon
ach
hütet die tür
von moriko und jim

du entkommst ihm nicht
junge mit dem münzschlitz
auch wenn du deine meinung
änderst

verschwinde ich mit den
stimmen im harmonium
und auch du

ich bin die sekretärin
der aufgeblasenen leute
die hoffen
da ist jemand
wenn sie von einem damm
in kartoffelpüree fallen

neben einem song vielleicht
der kein liebeslied ist
in dem ich mich fühle
wie die mutter dieser welt

bitte bitte bitte
gebt mir uhren und schmuck
und stoppt mit dem roten stift
den absturz dieser party

ich liebe meine einsamkeit
von ganzem herzen nur
scheint der hinterhalt
verliere ich mich zwei mal selbst

DAS UNBEKANNTE

freund der musik
ist ein grossmaul

als menschliche holzbank
niemals zu rollen bereit

das unbekannte
genosse deejay
schwimmt immer zu fünft

schau an der computerfreak aus
dem stadtteil der hundertjährigen
schläft heute nacht allein

seine elektronische stimme ist
alles was du hattest
und dich zu kleiden wie ein albino

die geliebten politiker und pädophile
bewegen sich
wenn du nicht gut bist

und im menlo park tun die bastarde
die dich jetzt nach hause bringen
schreckliche dinge

das unbekannte bist du und
du bist kein kulturelles bild

EIN MÄDCHEN IN DER UNFALLSTATION

ist mehr als nur
ein ding
ein weisses pferd im nachtlicht
mehr als nur
moderne kunst

im jahrhundert des fortschritts
ist die festung europa
nur eine trinkoberfläche
kaliforniens

all dies hat mein leben versaut
entfesselt gabs dann
gruppenhaue
in einem schloss in afrika

jesse james tanzt
nicht mit mir
noch hundertsechsundzwanzig anderen
sirenen um elf im park

dieser junge ist viel zu erschöpft
und ein fehler
in der stadt des staubs

sein liebeslied blühender wangen
nachts sind sie zombies
auf dem weiten weg nach haus

man kann das gras wachsen hören
im lied der königin
kreise quadrate dreiecke

es ist zeit zum rumhängen
geniessen wir also die ruhe

HERR MAGNESIUM VERLIEBT SICH

in den mondschein monica
und jenny den hund

als hausmeister bei der dame mit tasche
schaut er die liebe der städtischen stürme

verrutscht sein land ins reich des königs
liebt er den unvergessnen thorax
ist zweimal erster im schlaf der engel
jeder weiss ihn aufrecht zu verschwenden
jeder bleibt so aufrecht an ihm hängen

herr magnesium verschiebt sich
mit dem stift von den maulwurfhügeln herab
wieder wieder und wieder

5

die fünfte säule

BEI DIR WAR ES IMMER SO SCHÖN

nachts in der kristallfabrik die
drei stunden ohne panzer
geschlossen die augen

bei dir ist landluft die message
die stadt der neuen stiefväter gebaut aus
fürchte dich nicht

mein kleiner helikopter
schwebt überall
mein weltall ist
ein winziges ding

johnny komm heim

was wirst du tun
als t shirt aus amerika
als herzinfarkt wandelt
das jahrhundert der sünde

deine liebe geht durch kreise
ach
für neunzehn neunundneunzig

was wirst du tun
wenn regenzeit ist in der wüste
die frauen
die arbeit auf dem ritterboot

ach
etwas geht da ab

und johnny läuft
johnny läuft

EINE TRAUMSEQUENZ

mit eintausend puppen
ist ruhig

wir bauen darin
eine andre welt
in der sich die stricher in zellen drängeln

dem pony ist übel
und manchmal ist es deprimiert
wenn die veilchen stehen
auf tönernen füssen

auf grass und seine anonyme frau
die immer noch die kleider
des albinos tragen

sie tragen das feuer besserer zeilen
ruhig wie das feuer ahabs

sie könnten uns auch beibringen
etwas geld zu unterrichten

denk nur nicht du wärst der erste
mit der raketennummer
die zwei idioten zu kraulen

selbst eine radioantenne
ist fruchtiger als du
auch am andern tag
wenn der goldene holer zappelt

und deck mich bitte zu
wenn es vorbei ist

EIN QUANTENSPRUNG

im safari disco club
nimmt mich rüber
zu synchronisieren die
strasse nach rom
mit einer boeing sieben drei sieben

nimmt mich rüber zu hüten
ein doppeltes geheimnis

meine hochzeit
mit dem goldenen jaguar
und einem heiligenschein

an der ostsee reift keine sonne
keine cola heran
den todesüberwinder zu preisen

niemals fährt er auf den
purpurnen wegen allein

der bus ohne titel
ist seine familie

er ist der grund
ich selbst zu sein

von links nach rechts
wäre er echt
die klammer zu schliessen
zuhause geblieben

DIE BASSLINE

ist das micro manifest
des jetzt
des alles

und die wangenknochen
die problemzonen
ihres mörders

all das will ich
eliza
den fluch deiner elefantenhaut
die gefässe
deines exotischen gartens

warum sind meine lichterlohen
gründe nichts als leuchtende
stunden im wald

nein
den unterricht in liebe
aufzubrechen
im korridor aus glas
ist nichts für mich

ach
gut nacht
gute nacht
die nachbarschaft zweier nummern
spuckt nur aus das muster
acht mal vier

DIESES LIED IST GLÜCKLICH

in häppchen denke ich
du bist ein freak
doch dieses lied
hat im rucksack auch noch
einen rap

ich warte hier auf meine brüder
auf dem eichenweg gefrorener momente
singe milchstrassengebete
mit diesem lied
und einem hallo
auf dein wohlbefinden

mit diesem lied
im selben raum bin ich
ein transharmonisches system

am gesang arbeiten wir nachts
vom leben
lieben
partymachen

wir arbeiten
an den rückschlägen
unserer gebrochenen herzen
am ganzen
ein fragment zweier geister

komm hoch und triff mich
ich habe dir meine liebe gegeben
und den kummer unsres streits
träume ich im neonlicht
im aquarium deiner augen

NÄCHTENS WIEDER MOTORISIERT

sind wir hängen geblieben
mit nem memphis blues
im komplex des vergoldens
schatz
so hatte ich dich nie

krokodile geister hardware
farben der lenkung
verstehe ich nicht
und auch nicht
das blasen im wind

wenn dieser hut fehlt
geh ich andere mädchen jagen
küsse
graue tage
jeden den ich kenne
und der hiphop hört

nachts dann im zirkus
machen sich die bakterien vom acker
eindruck zu schinden
beim sunset strip meiner welt

im loch baltimore
sitzt ein meister des kriegs
wir verlieren den schlaf
in der letzten stadt
sind hundertzwölf pianotapes
ein einsamer spass

die zahl vierundvierzig a
ist uns angewandte muziek
mit seiji alleine
hätt ich sie sonst hingeschmissen

ich muss immer
an schrödingers katze denken
und daran
was vor den vögeln war

DIE ANGST

das geld von jesu zweitem teil
der mut der dunkelziffer
mit dem riesen

ich liebe die romantik
einer speziellen person
schaue vielmals in ihr herz
sterbe langsam
als mosaik

gross schwarz weiss
und geradewegs aus kärnten
bereit und pleite
sanft und pink bin ich
ein träumer
zu vieler gefangener

nur eine sekunde der liebe
lady chatterleys
ist ein hollywood für immer
ist die liebe der stadt
und ein singender friedhof
mit sehr wichtigen personen

ich will ein glückliches lied
will schweine aus holland
zauberinnen
und ein hüh und ein hott

sie aber will ein kunstlied
will eine kalte eiche
eine helle nacht
und viel beinarbeit in der luft

DEIN LEBEN IST TÖDLICH

mandy
aber mein pferd mag dich
mit scotch und chablis

in unheiligen gedanken
wird alles mit tränen enden
in heiligem mass

dann ruf meine nummer an
in der ballade von moose bruce
bin ich der könig von spanien
in meinen süssen träumen
sehen sich himmel und erde
immer wieder

was hast du dem liebhaber nicht
gutes getan
dass du bist die verletzte

schalt das quadrat ein
strauchratten sind unser terrortest

rot und süss im ersten kontakt
rot das blut auch in ndiaga niaw

rot der schoss nach unserem französischen tanz
so überliefert von der katze die schlitzt

NACH DEM NACHLEBEN

hast du dir zeit genommen
für deine schuhe

das sonische summen
der bösen biene
macht dir nichts mehr aus

auch nicht
der grössenwahn
die erste glocke zu
leugnen

für den tod der erde
für das ganze mädchen
gehst du mit dem tier spazieren

dein egal ist nicht mehr
punk die neuen wellen
jetzt dieselben

den töchtern aus idiotenhäusern
brätst du die nackenstücke stark
und für die filmszenen ein paar fritten dazu

hinterm spray deiner fixative
spät dein vater ists
ein wetterfreund viel später
noch die liebe

WIEDER WURDE

in libertatia
das vertrauen
eines bananenklippers ermordet

mit einem lasso könnte dies
das allerschönste geräusch sein

ich aber
nehme lieber crystal meth
aus brandenburg

ich bin zu flach um
helena von troja zu sein
bleibe ich die zweite
und nur das flaschenpfand
kleiner menschen

ein kleiner gott in meinen händen
macht nen song für fünf oder sechs
statische könige mit bauch

doch nur einsam betäubt mit dominic
wiederhole ich diesen spass

doch nur einsam betäubt mit dominic
wiederholen wir diesen spass
die hundert wege
diese arbeit zu arbeiten

denken wir
spielen wir unseren urinstinkt korrekt

DAS FETTE GRINSEN DES FEINDES
ist eine schlechte nachricht
denn am ende steckt ein hals
auf einem spiess

die klammern sind stets der ausgleich
falscher freunde
ne werbefläche auf dem mond
dort ist deine zukunft

die herrlichen tage der fotographie
werden noch kommen
auf einem teelöffel
die zerschmetternden beats der säugetiere

unter plastik und nicht ganz getestet
steht der goldene thron
in gold kommen auch die zypressen
zu bewerten eine hymne
für rafael del riego

als alfa poetin
gehörst du mir wieder
in meinem netz ganz ruhig und leicht

wiegt nur noch der schuldenschnitt
von neunzehnsiebenundneunzig

wir haben das reich verlassen
für einen angenehm
temperierten kontinent

6

bonjour tristesse

WIE SCHÖN DU

deine glocke läuten lässt
zur katholischen mode
einer kassettenversion

dann ruf mich an
in der disco
mit deiner liebe zum elend

wenn das gebiss klappert
in einer mittelalten seele
ist es die kunst
als teenager
einen blazer zu tragen

wenn sieben viertel dieses ufers
sind erst der tragödie erster teil

bist du ein fieber
bist du die faulen
hände des puppenspielers

gibt es saures für süsses
und herkules hat keinen dollar
deine miete zu zahlen

gilas thema ist der mann
mit dem riesen hintern
der hat gerade ne woche frei

ist kein williges modul
schwuler rechte
ist silbern und hat dich
doch herausgefunden

ich bin vorne
wenn ich aufhören kann
wenn ich hinten bin

ich bin der sittich
mit dem grünen halsband
im niendorfer gehege

ich bin da mit
der maschine meines ruins
doch zu weit drinnen im mai noch
für einen schlitten so heiss

WECK NICHT DIE STADT AUF

um den grossen freitag herum
bleib besser zusammen
mit der nestmaschine

beende deine jugend
sei ein lieber guter könig

auch wenn der fernsehbengel
mit dem hugendubel schläft

sieh die positivitäten der stadt als skelett
stell ambulanzen gegen ambulanzen
ein amen gegen ein omen
und ein thema aus china
sag kangmei

scheiss auf die welt als rose
sag fuck the world
ich kann hier gar nichts spüren

DEIN DREIVIERTEL HERZ

sinkt dann schwimmt
es wacht auf mit dem general
und beobachtet den regen

nimm dein geld und spring
zwischen den bars
jage und wage dich dann
in den holzladen von uffe

ganz island ist auf standby
für unsere frauen
insbesondere jackie

doch jackie
verbringt den winter mit mir
weil ich nettt bin
nett mit drei t

ICH HABE DEN BRIEF

von gott an die menschen verloren

auf dem langen weg nach hause
auf dem fahrrad so blau
im zuviel unserer göttlichen definition
eines zusammenbruchs

unsrer rockigen köpfe
sag dass du zu mir gehörst
ich kann dich sehen
kannst du mich sehen

sag alles was du siehst
gehört dir
sag ade
sag denn man tau
zu den zwei silbernen bäumen
zu den venen am himmel

ich bin auch die welt des kindermädchens
sie ist ein seltsames lautes tier und immer dort
wo man die sonne riecht

ich habs versucht
mein kleines nichts
mein affe sucht liebe
bis es kopfschmerzen macht
in kaskaden

mit schwarzen lippen sitzen wir
hinten im therapeutikon
neben den trümmerfrauen

dort machen wir parties
mit einem coolen feuerpfeil
für einen letzten aufgang der sonne

IN DER ARMEE VON VÖGELN

bin ich sein mädchen
stets steif gefroren
doch nummer eins gegen den stau

ich halt den frühling flach
sein gewehr hat keinen abzug

sag ihm
der geschmack hat keine jugend

philander in krakau
hat träume aus plüsch
flache und hohe
luftkrank lagern sie
in einer tonne

du solltest ihm kalte tiere geben
um helen zu bekommen
durch die wand der herrschenden
klasse
ist dies kein schmutziges geschäft

fangen wir noch mal von vorne an
weiss gott
wird es ernster als du denkst

liegt es an rick rubin
dem ausweg junger schilde
dann sprich mit mir
bei mir sind alle systeme auf rot
es wachsen blumen an meinem fenster

papiermühlen

STELL DIR DAS ZWISCHENSPIEL

am stand eins vor
als story einer geschichte
vom hunger im delta v

dann lass mich dir
ein
zwei
drei
vier
fünf
sechs
sieben
briefe
von mishima zeigen
die mit dem inneren drama
eines ochsen im regen läuft

als songwriter besinge ich
die knochen des menschen
und seinem selbstmord nächstes jahr in zion

als unkerich besinge ich
einen house jam
und heilige die bekenntnisse
exquisiter besucher

du hast dir die dinge
am blagdon see vorgestellt

als kriegsglocken
aus purem gold

drum komm schon baby
im moment der songs
die mich an dich erinnern

arbeite für mich
und hör nicht auf
den glänzenden aufstand
in lagos

steck sie in eine schachtel
mit den markierungen
der fünf schritte in sieben
worten

nichts ist wie du

vergiss das nicht

MEIN LIEBLINGSKLEID IST

ein chicker platz
ist ein gerittenes luftschiff
mit ihm geh ich
in die flammen

zum totalen frieden
schüttel du dein boot
nachts
besser noch
als am tage

wenn evelyns nächster atemzug
brennt
weint paul
unsere jungen leute
sind einzeln
oder spielen solitär

hörner umgeben mich
eine langsame lavine
ist ein freund
ist eine linie
die sich zieht

wende dich deiner liebe zu
schrei es laut heraus
ein junger mann zu sein

im jahr des hundes
ist sandpapier
das nächste grosse ding und nur
der himmel
die grenze

AM FEUER LIEST

dir marvin greselda
mach mit deinem leben weiter
und lebe
lange die ruhe

ich bin o k aber
starla hat das grosse verloren
und akzeptiert die leere
nicht

wir sollten sein
in syrakus
es unseres nennen
und die stühle rauskicken

dort kommt jeder einmal runter
ach
beim schuss klingelts
immer noch
und wär das nicht nett
die bleichen zu ernüchtern
chat baker und ich
mit nem herzschmerzen kind

wir gäben die neugierde jetzt
als songs im radio auf

und wär das nicht nett
bliebe dieses haus unsre zukunft

EIN DEUTSCHER LIEBESBRIEF

im labyrinth der stadt aus müll
der neuen religionen
neuer beat
die hardcore tomboys
lumpen mit trompeten

wir haben doch nur etwas krach gemacht
und waren hilflos wegen einer frau
ging mancher schädel zu bruch

doch machen wir nicht das trampolin
denn alles was fällt
ist zu kostbar

gegebene gründe erinnern uns so sehr
heisst uns sehen glauben verändern
das bild real verquickter fiktion
zum schizophrenen sprung in der zeit

jedes berühmte letzte wort
ist uns ein jubelndes juhuu
das nach rosen sucht

klarschiff macht und weiter zieht
mit dem neumond und der kutsche
nach tokyo zur insel hin

AM NEUANFANG DER WELT

ist liebe kälter als der tod
in diesen gefährlichen tagen
ist unsre liebe wie jede
andre sommersprosse
gegen sich selbst immun

die befehlskettc ohne den hund
bricht zusammen im
zweifel um charlotte
schneid ich ein stück aus der zeit

ein plot der verschätzung
des grossen blonden volks
so bin ich
auf stelzen aus kristall

hätte ich ein herz
babylon
könnte ich dich höher nehmen
verlörst du die blume
und ich zahlte morgen

yeah

und die sonne
weiss wie diamanten
liebt das herzpapier
und den polkadot blues

Inhaltsverzeichnis

MIGROS
kulturprozent

Biographisches

Hartmut Abendschein (*1969): Aufgewachsen in Schwäbisch Hall, Buchhändler in Stuttgart, Studium der Germanistik und Anglistik in Konstanz und Glasgow, wiss. Dokumentar in Köln, lebt und arbeitet in Bern. Betreiber eines literarischen Weblogs („taberna kritika – kleine formen“) und Mitbegründer von „litblogs.net – literarische weblogs in deutscher sprache“. Zuletzt erschienen: „Die Träume meiner Frau. Hybride Stoffe“ (2007). „Bibliotheca Caelestis. Tiddlywikiroman” (2008). „The Chomskytree-Haiku (Rhizome (Rhizome))“ (2011). „Dranmor” (2012). „Schellendiskursli / Schellenexkursli“ (2013). „Recycling Le Tour de France“ (2014). Mehr: http://www.abendschein.ch

Benedikt Sartorius (*1983) schreibt als freischaffender Musikjournalist für verschiedene Medien (u.a. WOZ, Tages-Anzeiger, Der Bund, Züritipp), arbeitet als Redaktor der Musikzeitung «Loop» und betreibt auf seiner Website einen Musikblog. Er lebt mit seiner Familie in Bern. Mehr: http://www.benediktsartorius.ch

edition taberna kritika
Neuerscheinungen 2014-15

Li Mollet
irgendwann vielleicht
ISBN 978-3-905846-33-1

Milk + Wodka
Kennst du das Lied?
ISBN 978-3-905846-32-4

Dominik Riedo
Uns trägt das Angesungene
ISBN 978-3-905846-31-7

Michael Perkampus
Entropia, oder Hochzeit auf dem Lande
ISBN 978-3-905846-30-0

Hartmut Abendschein
Recycling Le Tour de France
ISBN 978-3-905846-29-4

Bücher können über den Buchhandel oder direkt beim Verlag bestellt werden. Ausführliche Informationen über unsere Neuerscheinungen und das Gesamtprogramm finden Sie im Internet unter http://www.etkbooks.com

edition taberna kritika
Gutenbergstrasse 47
CH - 3011 Bern
Tel.: +41 (0) 33 534 9 308
info@etkbooks.com | http://www.etkbooks.com